*Renate Sueltz & Uwe H. Sueltz*

# MY BABY

# NOTEBOOK

BoD - Books on Demand

Norderstedt, Germany, 2016

Bibliografische Information durch die Deutsche Nationalbibliothek

Die Deutsche Nationalbibliothek verzeichnet diese Publikation in der Deutschen Nationalbibliografie; detaillierte bibliografische Daten sind im Internet über http://dnb.dnb.de abrufbar.

Herstellung und Verlag:

BoD – Books on Demand, Norderstedt

ISBN 978-3-837-07012-5

# MY NAME:

WHEN I WAS BORN:

TIME OF DAY:

PLACE:
MY SIZE:
MY HAIRCOLOR:
COLOR OF MY EYES:
GODPARENTS:

# IMPORTANT:

# MY DAY:　　DATE:

MO
TU
WE
TH
FR
SA
SU

# MY DAY:

### DATE:

MO
TU
WE
TH
FR
SA
SU

# MY PICTURES

# MY DAY:    DATE:

MO

TU

WE

TH

FR

SA

SU

# MY PICTURES

# MY DAY:

### DATE:

MO
TU
WE
TH
FR
SA
SU

# MY PICTURES

# MY DAY:

DATE:

MO
TU
WE
TH
FR
SA
SU

# MY PICTURES

# MY DAY:

## DATE:

MO
TU
WE
TH
FR
SA
SU

# MY PICTURES

# MY DAY:　　DATE:

MO

TU

WE

TH

FR

SA

SU

# MY PICTURES

# MY DAY:

### DATE:

MO
TU
WE
TH
FR
SA
SU

# MY PICTURES

# MY DAY:

## DATE:

MO
TU
WE
TH
FR
SA
SU

# MY PICTURES

# MY DAY:

### DATE:

MO

TU

WE

TH

FR

SA

SU

# MY PICTURES

# MY DAY:

## DATE:

MO
TU
WE
TH
FR
SA
SU

# MY PICTURES

# MY DAY:          DATE:

MO
TU
WE
TH
FR
SA
SU

# MY PICTURES

# MY DAY:

## DATE:

MO
TU
WE
TH
FR
SA
SU

# MY PICTURES

# MY DAY:        DATE:

MO

TU

WE

TH

FR

SA

SU

# MY PICTURES

# MY DAY:

## DATE:

MO
TU
WE
TH
FR
SA
SU

# MY PICTURES

# MY DAY:                DATE:

MO

TU

WE

TH

FR

SA

SU

# MY PICTURES

# MY DAY:

## DATE:

MO
TU
WE
TH
FR
SA
SU

# MY PICTURES

# MY DAY:

### DATE:

MO

TU

WE

TH

FR

SA

SU

# MY PICTURES

# MY DAY:

DATE:

MO
TU
WE
TH
FR
SA
SU

# MY PICTURES

# MY DAY:

### DATE:

MO

TU

WE

TH

FR

SA

SU

# MY PICTURES

# MY DAY:    DATE:

MO
TU
WE
TH
FR
SA
SU

# MY PICTURES

# MY DAY:          DATE:

MO
TU
WE
TH
FR
SA
SU

# MY PICTURES

# MY DAY:

## DATE:

MO
TU
WE
TH
FR
SA
SU

# MY PICTURES

# MY DAY:　　　DATE:

MO
TU
WE
TH
FR
SA
SU

# MY PICTURES

# MY DAY:

## DATE:

MO
TU
WE
TH
FR
SA
SU

# MY PICTURES

# MY DAY:

## DATE:

MO
TU
WE
TH
FR
SA
SU

# MY PICTURES

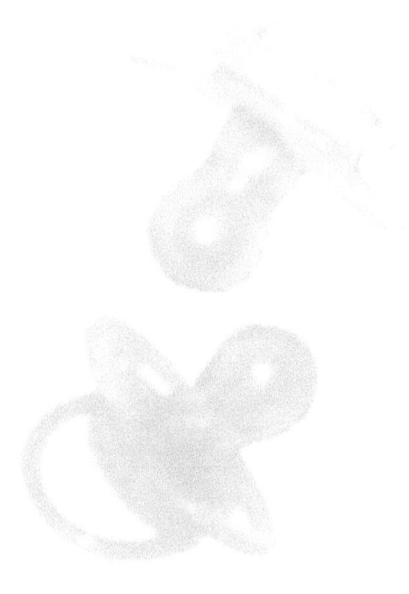

# MY DAY:

## DATE:

MO
TU
WE
TH
FR
SA
SU

# MY PICTURES

# MY DAY:          DATE:

MO

TU

WE

TH

FR

SA

SU

# MY PICTURES

# MY DAY:

### DATE:

MO
TU
WE
TH
FR
SA
SU

# MY PICTURES

# MY DAY:

## DATE:

MO
TU
WE
TH
FR
SA
SU

# MY PICTURES

# MY DAY:

### DATE:

MO
TU
WE
TH
FR
SA
SU

# MY PICTURES

# MY DAY:

### DATE:

MO
TU
WE
TH
FR
SA
SU

# MY PICTURES

# MY DAY:

## DATE:

MO
TU
WE
TH
FR
SA
SU

# MY PICTURES

# MY DAY:

### DATE:

MO
TU
WE
TH
FR
SA
SU

# MY PICTURES

# MY DAY:                    DATE:

MO
TU
WE
TH
FR
SA
SU

# MY PICTURES

# MY DAY:

### DATE:

MO
TU
WE
TH
FR
SA
SU

# MY PICTURES

# MY DAY:

## DATE:

MO
TU
WE
TH
FR
SA
SU

# MY PICTURES

# MY DAY:

### DATE:

MO

TU

WE

TH

FR

SA

SU

# MY PICTURES

# MY DAY:   DATE:

MO

TU

WE

TH

FR

SA

SU

# MY PICTURES

# MY DAY:

## DATE:

MO
TU
WE
TH
FR
SA
SU

# MY PICTURES

# MY DAY:

## DATE:

MO
TU
WE
TH
FR
SA
SU

# MY PICTURES

# MY DAY:    DATE:

MO
TU
WE
TH
FR
SA
SU

# MY PICTURES

# MY DAY:

## DATE:

MO
TU
WE
TH
FR
SA
SU

# MY PICTURES

# MY DAY:

### DATE:

MO
TU
WE
TH
FR
SA
SU

# MY PICTURES

# MY DAY:

### DATE:

MO
TU
WE
TH
FR
SA
SU

# MY PICTURES

# MY DAY:          DATE:

MO

TU

WE

TH

FR

SA

SU

# MY PICTURES

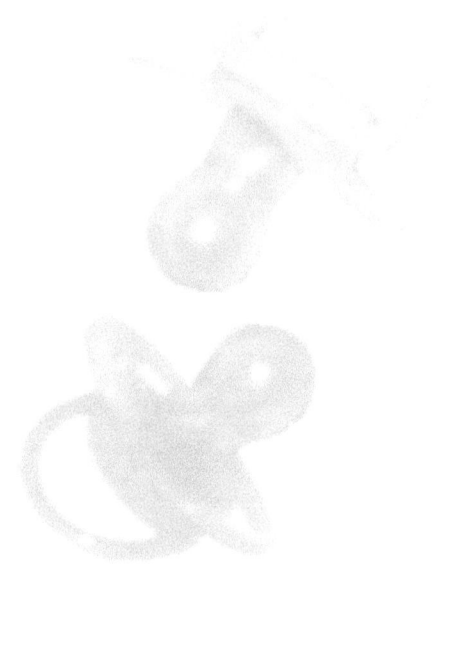

# MY DAY:

### DATE:

MO
TU
WE
TH
FR
SA
SU

# MY PICTURES

# MY DAY:

### DATE:

MO
TU
WE
TH
FR
SA
SU

# MY PICTURES

# MY DAY:

### DATE:

MO
TU
WE
TH
FR
SA
SU

# MY PICTURES

# MY DAY:

## DATE:

MO
TU
WE
TH
FR
SA
SU

# MY PICTURES

# MY DAY:

**DATE:**

MO
TU
WE
TH
FR
SA
SU

# MY PICTURES

# MY DAY:          DATE:

MO
TU
WE
TH
FR
SA
SU

# MY PICTURES

# MY DAY:

DATE:

MO
TU
WE
TH
FR
SA
SU

# MY PICTURES

# MY DAY:

## DATE:

MO
TU
WE
TH
FR
SA
SU

# MY PICTURES

# MY DAY:

## DATE:

MO
TU
WE
TH
FR
SA
SU

# MY PICTURES

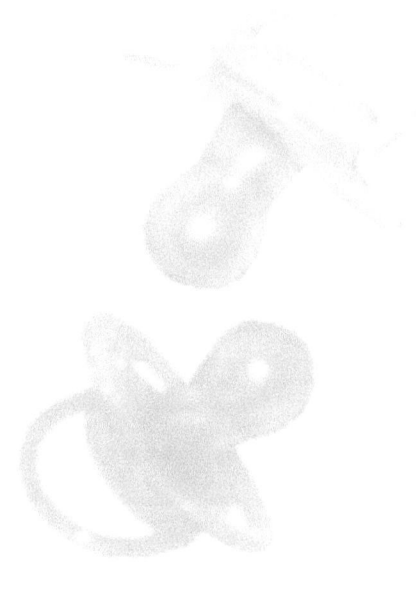

# MY DAY:     DATE:

MO
TU
WE
TH
FR
SA
SU

# MY PICTURES

# MY DAY:          DATE:

MO
TU
WE
TH
FR
SA
SU

# MY PICTURES

# MY DAY:

## DATE:

MO

TU

WE

TH

FR

SA

SU

# MY PICTURES

# MY DAY:

### DATE:

MO
TU
WE
TH
FR
SA
SU

# MY PICTURES

# MY DAY:

### DATE:

MO
TU
WE
TH
FR
SA
SU

# MY PICTURES

# MY DAY:          DATE:

MO
TU
WE
TH
FR
SA
SU